Joyce Dunbar & James Mayhew

Maus und Maulwurf

Zwei ganz besondere Freunde

Dieses Buch gehört:

_____

_____

_____

Deutsche Erstausgabe
1. Auflage 2020
© Atrium Verlag AG, Imprint WooW Books, Zürich 2020
Alle Rechte vorbehalten
© Text: Joyce Dunbar
Übersetzung: Claudia Müller
© Umschlagmotiv und Illustrationen: James Mayhew
Dieser Sammelband beinhaltet Geschichten aus den folgenden drei Bänden:
Happy Days for Mouse & Mole, Graffeg Limited, Wales 2019
A Very Special Mouse & Mole, Graffeg Limited, Wales 2019
Mouse & Mole Have a Party, Gaffeg Limited, Wales 2019
Published by arrangement with Rights by Ruth representing Graffeg Limited
Layout und Satz: Dörlemann Satz, Lemförde
Druck und Bindung: Grafisches Centrum Cuno GmbH & Co. KG, Calbe
ISBN 978-3-96177-059-5

www.woow-books.de
www.instagram.com / woowbooks_verlag

Für meine lieben Freunde –
Nita und Frank Hilton
J. D.

Und mit Dank an Alison de Vere
J. D. und J. M.

Inhaltsverzeichnis

Die Osterglocke

Frühling lag in der Luft. Maulwurf sprang durch den Garten und
sang dabei vor sich hin.

»Oh Schmetterling, oh Sonnenschein,
der Frühling lädt uns alle ein.
Ich sing und spring auf einem Bein –
schön ist es, auf der Welt zu sein!«

Dann rief er laut: »Maus, komm schnell her! Komm schnell her!«
Maus lief eilig aus dem Haus und stellte sich neben Maulwurf,
der wie gebannt auf eine gelbe Osterglocke blickte.

»Schau doch nur. In unserem Garten wächst eine Osterglocke!«, sagte Maulwurf.

»Ja, die erste Osterglocke in diesem Frühling«, sagte Maus.

»Was sollen wir mit ihr machen?«,
fragte Maulwurf.

»Wir werden gar nichts mit ihr machen«, antwortete Maus. »Wir
werden sie einfach nur ansehen und uns über sie freuen.«

»Aber wir können nicht den ganzen Tag hier stehen und die
Osterglocke anstarren«, meinte Maulwurf. »Dann wird uns kalt.«

»Wir *müssen* ja nicht den ganzen Tag hier stehen und die Osterglocke anstarren«, sagte Maus. »Wenn uns kalt wird, gehen wir einfach rein.«

»Aber dann sehen wir doch die Osterglocke nicht mehr«, sagte
Maulwurf.

»Sie läuft uns ja nicht weg«, beruhigte Maus ihn. »Wir können, sooft wir wollen, in den Garten gehen und der Osterglocke Guten Tag sagen.«

»Ja, das können wir«, stimmte Maulwurf zu.

Kaum waren sie im Haus, raste Maulwurf auch schon wieder in den Garten.

»Hallo, Osterglocke!«, rief er.

Das ist ganz schön anstrengend, fanden Maus und Maulwurf, nachdem sie dreimal raus- und wieder reingelaufen waren. Es gab bestimmt eine einfachere Lösung.

»Und wenn wir hier drinbleiben und nur an die Osterglocke *denken*?«, schlug Maus vor.

»Ich habe eine bessere Idee«, sagte Maulwurf. »Warum pflücken wir die Osterglocke nicht einfach?«

»Wenn wir die Osterglocke pflücken, ist sie nicht mehr in unserem Garten«, antwortete Maus.

»Aber wir könnten die Osterglocke doch auf den Küchentisch stellen und sie beim Essen anschauen«, sagte Maulwurf. »Oder wir bringen sie ins Wohnzimmer und bewundern sie vom Sessel aus. Oder wir stellen die Osterglocke ins Schlafzimmer, dann könnten wir mit ihrem Duft einschlafen.«

»Das könnten wir«, sagte Maus. »Im Garten blüht die Osterglocke allerdings länger.«

Maulwurf ging nach draußen. Er lief um die Osterglocke herum, kniete sich hin und roch an ihr. Er tat so, als würde er die Blume gar nicht beachten.

Doch plötzlich streckte er seine Pfote aus und pflückte sie.

Kurz darauf brach Maulwurf in Tränen aus und brachte die Blume ins Haus.

»Maus, ich habe die Osterglocke gepflückt«, schniefte er.

»Nun ja, dann sollten wir ihren Anblick noch so lange wie möglich genießen«, sagte Maus.

Sie stellten die Osterglocke auf den Küchentisch, um sie beim Abendbrot anzuschauen, aber Maulwurf hatte keinen Hunger.

Nach dem Essen nahmen sie die Osterglocke mit ins Wohnzimmer, um sie vom Sessel aus zu bewundern, aber Maulwurf war nicht nach Im-Sessel-Sitzen zumute.

Schließlich stellten sie die Osterglocke ins Schlafzimmer, um mit ihrem Duft einzuschlafen, aber Maulwurf wälzte sich stundenlang hin und her.

Mitten in der Nacht sagte er: »Maus, ich gehe in den Garten und stecke die Osterglocke wieder in die Erde. Dann wacht sie morgen früh an ihrem alten Platz auf.«

»In Ordnung, aber ich komme lieber mit«, antwortete Maus und
gähnte.

Sie brachten die Osterglocke zurück in den Garten und versuchten, sie wieder einzupflanzen.

Maus seufzte. »Mehr können wir nicht tun.«

Am nächsten Morgen wachte Maus zuerst auf und lief sofort in den Garten. Dort fand er die verwelkte Osterglocke mit dem abgeknickten Stängel.

»Oh nein«, sagte Maus. »Da kommt Maulwurf. Er wird bestimmt sehr traurig sein.« Schnell versteckte Maus die Osterglocke hinter seinem Rücken.

Doch Maulwurf war vor dem Küchenfenster stehen geblieben – und er tanzte vor Freude.

»Schau mal!«, rief er Maus zu. »Die erste Osterglocke in diesem Frühling! Gut, dass wir sie gestern wieder in die Erde gesteckt haben! Sie blüht noch immer so schön! Aber, Maus, gestern war die Osterglocke doch dahinten. Und heute ist sie hier. Ist das nicht eigenartig?«

»Ja, das ist wirklich eigenartig«, sagte Maus, der inzwischen neben Maulwurf stand.

»Soll ich sie lieber an ihren alten Platz zurückbringen?«, fragte Maulwurf.

Maus überlegte einen Moment lang. »Ähm … nein«, meinte er dann. »Ich glaube nicht. Ihr neuer Platz ist gut, denn wir können sie jetzt sowohl im Garten als auch von der Küche aus sehen. Komm, wir feiern eine Frühstücks-Party!«

Und genau das taten sie.

Tasthaare

»Schief!«, sagte Maulwurf, als er sich im Spiegel betrachtete. »Total schief! Das bin ich!«

»Wie meinst du das? *Schief*?«, fragte Maus.

»Sieh dir mal meine Tasthaare an«, antwortete Maulwurf. »Sie sind auf einer Seite länger als auf der anderen.«

Maus schaute Maulwurf ganz genau an. »Aber nur ein winziges bisschen«, meinte er. »Das fällt doch gar nicht auf. Außerdem sind ungerade Dinge schön.«

»Also, ich mag gerade Dinge lieber«, sagte Maulwurf. »Tasthaare sollten auf jeden Fall gleich lang sein.«

»Nein«, sagte Maus. »Es gibt viele Dinge, die unterschiedlich sind. Schau dir meine Augen an. Das eine ist dunkler als das andere. Und mein linkes Ohr ist spitzer als mein rechtes.«

»Hm, ich mag es trotzdem nicht, dass meine Tasthaare unterschiedlich lang sind«, beharrte Maulwurf. »Ich werde die linke Seite meiner Tasthaare etwas länger schneiden, um sie der anderen Seite anzugleichen. Wo ist die Schere, Maus?«

»Maulwurf«, sagte Maus.

»Was ist?«, fragte Maulwurf.

»Man kann Dinge nicht länger schneiden. Man kann sie nur kürzer schneiden.«

»Dann schneide ich eben die rechte Seite kürzer, damit beide Seiten gleich lang sind«, beschloss Maulwurf.

Maulwurf nahm eine große Schere und schnitt die rechte Seite seiner Tasthaare etwas kürzer. Dann betrachtete er sein Spiegelbild.

»Ich hab zu viel abgeschnitten«, jammerte er. »Jetzt ist die linke Seite länger als die rechte. Ich werde von den linken Tasthaaren auch ein Stück abschneiden müssen.«

Also schnitt Maulwurf die linke Seite seiner Tasthaare kürzer, damit beide Seiten gleich lang waren. Aber er schnitt wieder zu viel ab.

Dann schnitt er die rechte Seite noch mal kürzer, damit sie so lang war wie die linke. Aber auch diesmal schnitt er zu viel ab.

Dann schnitt er die linke Seite noch mal kürzer, damit sie zur rechten Seite passte. Doch es sah immer noch schief aus!

Schnipp! Schnapp! Schnipp! Schnapp!, machte Maulwurf auf der einen Seite, und danach *Schnipp! Schnapp! Schnipp! Schnapp!* auf der anderen Seite, bis schließlich eine schreckliche Stille eintrat.

Maulwurf sah Maus an.

Maus sah Maulwurf an.

»Was hast du getan?«, fragte Maus entsetzt.

»Was hab ich getan?«, fragte Maulwurf entsetzt.

»Du hast alle deine Tasthaare abgeschnitten«, stellte Maus fest.

»Ja, das hab ich«, sagte Maulwurf, und die Tränen strömten nur so über sein Gesicht. »Meine armen, armen Tasthaare.«

»Aber sie waren ein bisschen ungleichmäßig«, sagte Maus.

»Das fiel doch gar nicht auf«, heulte Maulwurf. »Kurze Haare. Lange Haare. Ganz egal, Hauptsache, überhaupt Haare. Ich will meine Tasthaare wiederhaben!«

Da kam Igel – gefolgt von Kaninchen und Ratte – zur Tür herein, um zu sehen, was los war.

»Was hat Maulwurf denn?«, fragten die drei.

»Er wollte seine Tasthaare kürzen«, erzählte Maus. »Aber leider hat er sie dabei komplett abgeschnitten. Nun hat er stattdessen Borsten.«

»BORSTEN!«, rief Igel. »Oh, ich finde Borsten viel besser als Tasthaare!«

»Ja, Borsten sind viel besser«, bestätigte Kaninchen. »Die kann man auch nicht in der Tür einklemmen.«

»Und es bleibt keine klebrige Marmelade darin hängen«, ergänzte Ratte.

»Du musst sie nicht dauernd glätten«, sagte Kaninchen.

Maulwurf schniefte und strich sich über die Borsten. »So nennt man die also?«, fragte er. »Das klingt richtig schön: Borsten.« Er nahm die Schere wieder zur Hand. »Wer von euch möchte auch ein paar Borsten?«

»Also ... wir sehen uns!«, rief Kaninchen und hoppelte nach Hause.

»Ich muss noch etwas Wichtiges besorgen!«, rief Igel und trippelte
eilig aus dem Haus.

»Ich glaube, ich hab den Wasserhahn nicht zugedreht!«, rief Ratte
und lief seinen Freunden hinterher.

Als alle gegangen waren, sah Maus Maulwurf nachdenklich an.

»Bei Borsten gibt es nur ein Problem«, sagte er. »Wenn du sie stehen lässt, wachsen sie zu Tasthaaren.«

»Wirklich?«, fragte Maulwurf.

»So ist es schön abwechslungsreich«, sagte Maus. »Heute Borsten, morgen Tasthaare.«

»Wunderbar«, sagte Maulwurf. »Das Beste von beidem.«

»Sollen wir auffegen?«, fragte Maus.

Und so fegten sie die Tasthaare mit einer Borstenbürste zusammen.

Was man am wenigsten erwartet

Maus war gerade dabei, den Garten umzugraben, und Maulwurf sah ihm dabei zu.

»Maus«, sagte Maulwurf. »Ich weiß nicht, warum, aber ich habe das Gefühl, dass heute etwas Aufregendes passiert.«

»Dann wird nichts Aufregendes passieren«, sagte Maus.

»Warum nicht?«, fragte Maulwurf.

»Wenn man etwas erwartet, passiert es nicht. Meistens passiert etwas, wenn man es am wenigsten erwartet.«

»Wirklich?«, fragte Maulwurf.

Maus nickte und grub weiter den Garten um.

»Wenn das so ist«, sagte Maulwurf, »dann ist mein ganzes Leben bisher falsch gelaufen. Ich hoffe jeden Tag, dass etwas Besonderes passiert. Aber es passiert gar nichts.«

»Irgendetwas passiert schon«, sagte Maus. »Nur eben nicht das, was du erwartest.«

»Maus!«, rief Maulwurf aufgeregt. »Warum versuchen wir nicht, alle möglichen wundervollen Dinge am wenigsten zu erwarten? Dann passieren sie vielleicht.«

»So habe ich das noch gar nicht gesehen«, sagte Maus.

»Was könnten wir am wenigsten erwarten?«, überlegte Maulwurf. »Du darfst dir zuerst etwas ausdenken, Maus.«

»Hm.« Maus kratzte sich am Kopf. »Am wenigsten erwarte ich, dass aus dem Boden, den ich gerade umgegraben habe, plötzlich ein Baum voller kleiner Apfelkuchen sprießt.«

Maulwurf und Maus versuchten, so wenig wie möglich zu erwarten, dass ein Apfelkuchenbaum aus dem Boden schießen würde.

Sie sahen hoch in den Himmel.
Sie pfiffen eine Melodie.

Sie putzten ihre Pfoten.
Sie kochten eine große Schüssel Vanillesoße.

Dann betrachteten sie wieder das Stück Land, von dem sie am wenigsten erwarteten, dass dort der Apfelkuchenbaum wachsen würde.

Es war nichts zu sehen.

»Maus, du hast dich nicht genügend angestrengt, den Apfelkuchenbaum am wenigsten zu erwarten«, behauptete Maulwurf.

»Dann denk *du* dir jetzt etwas aus«, sagte Maus.

Maulwurf überlegte einen Augenblick. »Am wenigsten erwarte ich, dass wir ein geheimnisvolles Päckchen von einem unbekannten Wohltäter bekommen. Und dass das Päckchen mit einem Band verschnürt sein wird.«

Maus und Maulwurf strengten sich an, die Ankunft des geheimnisvollen Päckchens von einem unbekannten Wohltäter so wenig wie möglich zu erwarten.

Sie jäteten Unkraut.

Sie kochten sich eine Tasse Tee.

Sie spielten eine Partie Tischtennis.

Sie suchten in den Küchenschubladen nach einer Schere, um das Paketband durchzuschneiden. Dann rannten sie zur Tür, um nachzuschauen, ob das geheimnisvolle Päckchen von dem unbekannten Wohltäter bereits angekommen war.

War es nicht.

»Maulwurf, du hast dich nicht genügend angestrengt, das Päckchen am wenigsten zu erwarten«, behauptete Maus.

»Pah!«, antwortete Maulwurf. »Ich glaube nicht an dieses *am wenigsten erwarten*. Das funktioniert nicht. Es passiert einfach nichts Aufregendes, egal, ob man es erwartet oder nicht. Ich gebe auf.«

»Ich auch«, sagte Maus.

Gesagt, getan. Und so ließen sich die beiden in ihre Sessel fallen.

Plötzlich klopfte es an der Tür.

»Mach nicht auf!«, sagte Maus.

»Warum denn nicht?«, fragte Maulwurf.

»Überleg mal, wen du am wenigsten erwarten würdest.«

»Am wenigsten würde ich meinen lange vermissten Onkel erwarten«, sagte Maulwurf. »Den sehr reichen, mit ...«

»Und ich erwarte, dass es Ratte ist, der sich Zucker von uns borgen möchte«, sagte Maus.

Es war Ratte, aber er war nicht gekommen, um sich Zucker zu borgen. Er stürmte mit einem Partyhut auf dem Kopf herein, gefolgt von Kaninchen und Igel und Eule, die ebenfalls alle Partyhüte trugen.

»Herzlichen Glückwunsch zum Geburtstag, Maulwurf!«, riefen sie und überreichten ihm einen großen Apfelkuchen und ein Geschenk, das mit einem Band verschnürt war.

»Wer hat Geburtstag? Etwa ich?«, fragte Maulwurf.

»Maus hat es uns vor einer Woche erzählt«, sagte Ratte.

»Es ist nicht einfach, etwas am wenigsten zu erwarten«, erklärte Maus. »Man muss einfach wissen, wie man es richtig macht.«

»So ist es«, sagte Maulwurf. »Und wir haben es ganz genau richtig gemacht. Wo ist die Vanillesoße, Maus? Und kann mir mal jemand die Schere geben?«

»Lasst uns auf Maulwurf anstoßen!«, rief Ratte und hob sein Glas.

»Auf Maulwurf!«, riefen alle.

»Auf mich!«, seufzte ein sehr glücklicher Maulwurf.

Die alberne Pfütze

An einem stürmischen Morgen im April machten Maus und Maulwurf einen Spaziergang. Maus fand einen Stock zum Spielen. Maulwurf fand eine Pfütze, in die er hineinspringen konnte.

»Ich mag diesen Stock«, sagte Maus und strich damit durch die Blätter.

»Und ich mag diese Pfütze«, sagte Maulwurf und sprang um sie herum.

»Ich werde dem Stock einen Namen geben«, beschloss Maus. »Er soll Humphrey heißen. Ja, genau, Humphrey Stock!«

»Er sieht auch aus wie ein Humphrey«, sagte Maulwurf.

»Ein geborener Humphrey«, stimmte Maus zu.

»Er hat einen Humphrey-artigen Kopf«, ergänzte Maulwurf. »Und wie soll ich meine Pfütze nennen?«

»Du kannst einer Pfütze keinen Namen geben«, meinte Maus. »Das ist albern.«

»Ich wüsste nicht, warum das albern sein sollte«, sagte Maulwurf.
»Ich könnte sie sogar Alberne nennen. Ja, genau. Du hast Humphrey
Stock. Ich habe Alberne Pfütze. Für mich sieht sie wie eine Alberne
aus.«

»Wenn du meinst«, sagte Maus.
   »Ja, das meine ich«, sagte Maulwurf.

»Ich hab meinen Stock schon richtig ins Herz geschlossen.« Maus wirbelte ihn durch die Luft.

»Und ich hab meine Pfütze schon richtig ins Herz geschlossen«, sagte Maulwurf.

»Ich werde Humphrey Stock mit nach Hause nehmen und ihn neben die Tür stellen«, beschloss Maus. »Mit der Zeit wird er glatt und abgegriffen sein. Sein Kopf wird sich der Form meiner Pfote anpassen.«

»Ach, wirklich?«, fragte Maulwurf.

»Der Stock wird mich auf vielen Spaziergängen begleiten.«

»Ach, wirklich?«

»Wir werden die besten Freunde sein«, sagte Maus. »Ich und Humphrey Stock.«

»Wirklich?«, fragte Maulwurf und lief aufgeregt in seiner Pfütze hin und her. »Und was ist mit mir und meiner Pfütze? Ich werde meine Pfütze auch mit nach Hause nehmen. Ich werde sie neben die Tür legen. Sie wird mich auf vielen Spaziergängen begleiten.«

»Red keinen Quatsch, Maulwurf«, sagte Maus. »Eine Pfütze kann man nicht mit nach Hause nehmen.«

»Ich weiß.« Maulwurf schluckte. »Das ist ungerecht!«

»Mach dir nichts draus«, sagte Maus. »Freu dich über sie, solange es sie gibt.«

»Die Sonne wird kommen und sie austrocknen«, sagte Maulwurf. »Sie wird sich in Luft auflösen. Können wir nichts tun, um sie zu retten?«

»Warte kurz. Ich habe eine Idee!«, rief Maus und rannte mit dem Stock in der Hand den ganzen Weg bis nach Hause.

Wenig später kam er zurück – mit zwei Löffeln und einem leeren Marmeladenglas in den Pfoten.

»Wir können sie hier reintun«, schlug Maus vor. »Dann kannst du sie mit nach Hause nehmen.«

Sie schöpften so viel Wasser aus Alberne Pfütze, bis das Glas voll war.

»Danke, Maus«, sagte Maulwurf, und die beiden machten sich auf den Heimweg.

Unterwegs trafen sie Ratte.

»Das ist ein sehr guter Stock, den du da gefunden hast«, sagte Ratte zu Maus.

»Stimmt«, sagte Maus. »Er heißt Humphrey.«

»Und was hast du in deinem Marmeladenglas?«, fragte Ratte Maulwurf. »Einen winzigen Fisch vielleicht?«

»Eine Pfütze«, antwortete Maulwurf. »Du kommst nie darauf, wie sie heißt.«

»Eine Pfütze im Glas, die einen Namen hat?« Ratte grinste Maulwurf von oben herab an. »Wie albern ist das denn!«

Maulwurf starrte auf sein Marmeladenglas. »Das war deine Idee, Maus. Du hast mich lächerlich gemacht.«

»Nein, Maulwurf«, sagte Maus. »Ich habe nur versucht, dir zu helfen.«

»Das hast du mit Absicht gemacht!«, rief Maulwurf. »Du bist so gemein.« Und ohne ein weiteres Wort ließ er Alberne Pfütze auf die Erde fallen und stürmte nach Hause.

Am nächsten Morgen wartete ein Geschenk auf Maulwurf. Es war ein langer, knubbeliger Stock. Daran hing ein Schild: »Humphrey Stock. Viele liebe Grüße von Maus«.

Maulwurf freute sich riesig. »Wie nett von dir, Maus«, sagte er. »Aber was ist mit dir? Wirst du Humphrey Stock nicht vermissen?«

»Nein«, sagte Maus und zog einen zweiten Stock hinter seinem Rücken hervor. »Darf ich vorstellen? Das ist Ambrose.«

Die Hängematte

Eines Nachmittags fand Maus ein großes Netz. Das eine Ende knotete er an einen dicken Ast, das andere an einen Zaunpfahl.

»Jetzt habe ich eine richtig schöne Hängematte«, sagte Maus zu sich selbst.

Maulwurf kam angelaufen, um nachzusehen, was Maus machte.

»Das ist ja eine richtig schöne Hängematte!«, rief Maulwurf.

»Das finde ich auch«, meinte Maus. »Und nun werde ich mich hineinlegen und durch die Blätter in den Himmel schauen und dabei dem Gesang der Vögel lauschen.«

»Und du lässt dich von dem leichten Lüftchen hin- und herschaukeln«, ergänzte Maulwurf.

»Genau so ist es«, sagte Maus.

Als Maus gerade in die Hängematte klettern wollte, sagte Maulwurf: »Warte mal kurz, Maus!«

»Warum denn?«, wollte Maus wissen.

»Sie sieht nicht sehr stabil aus«, sagte Maulwurf.

»Findest du?«

»Man weiß nie, was alles passieren kann. Womöglich bricht ein Ast ab und fällt dir auf den Kopf.«

»Das glaube ich nicht«, sagte Maus und wollte sich in die Hängematte legen.

»Aber Maus!«, rief Maulwurf. »Die Vögel könnten so laut singen, dass du davon Kopfschmerzen bekommst.«

»Ich mag Vogelgesang!«, sagte Maus und versuchte ein weiteres Mal, in die Hängematte zu klettern.

»Das leichte Lüftchen könnte stärker werden und dich so sehr hin- und herschaukeln, dass dir schwindelig wird«, meinte Maulwurf.

»Das Lüftchen wird mich genau richtig schaukeln«, sagte Maus und versuchte wieder, in die Hängematte zu gelangen.

»Nein, Maus, das kann ich nicht zulassen. Ich, Maulwurf, werde sie für dich testen. Ich will sichergehen, dass sie auch wirklich ungefährlich ist.«

Maulwurf schubste Maus zur Seite und kletterte in die Hängematte.

»Aaaah!«, seufzte Maulwurf, streckte sich und schloss die Augen.

»Wie ist es, Maulwurf?«, fragte Maus.

»Schrecklich«, sagte Maulwurf. »Damit es in der Hängematte bequem wird, brauchen wir ein oder zwei Kissen. Willst du mal welche holen, Maus?«

Also lief Maus los und holte zwei Kissen. Er reichte sie Maulwurf in die Hängematte.

»Wie ist es jetzt, Maulwurf?«, fragte Maus.

»Furchtbar«, sagte Maulwurf. »Vielleicht wäre es mit ein paar Keksen besser. Willst du mal die Keksdose holen, Maus?«

Also holte Maus eine Dose mit Keksen aus dem Haus.

»Wie ist es jetzt, Maulwurf?«, fragte Maus.

»Hmmm«, sagte Maulwurf, während er einen Keks knusperte. »Das Lüftchen ist genau richtig. Die Vögel singen nicht zu laut. Es fallen keine Äste von den Bäumen. Aber damit es ganz perfekt ist, bräuchte man zu den Keksen noch frische Limonade. Würdest du in die Küche gehen und welche zubereiten, Maus?«

Also machte Maus frische Limonade.

»Hier, Maulwurf«, sagte er. »Zwei Kissen. Eine Dose Kekse. Frische Limonade. Nun hast du dafür gesorgt, dass die Hängematte wirklich ungefährlich und bequem ist. Vielen Dank dafür.«

»Oh, ganz sicher bin ich noch nicht«, antwortete Maulwurf und trank einen Schluck Limonade. »Um ganz sicherzugehen, muss ich in ihr eine gewisse Zeit lang Probe liegen. Und ich muss allein sein. Du gibst mir jetzt noch mehr Kekse und Limonade und lässt mich dann für eine Weile in Ruhe.«

Maus reichte ihm mehr Kekse und schenkte ihm Limonade nach.

Maulwurf machte es sich gemütlich. »Herrlich!«, seufzte er. »Absolut herrlich!«

Aber gerade als er diese Worte ausgesprochen hatte, krachte die Hängematte.

Maulwurf fiel auf die Erde, und die Kekse und die Limonade flogen durch die Luft.

»Mannomann, Maulwurf!«, sagte Maus. »Du hattest recht. Die Hängematte war tatsächlich gefährlich. Du hast mir eine böse Beule erspart. Was für ein guter Freund du doch bist! Jetzt werde ich die Hängematte testen, aber dieses Mal werde ich sie richtig befestigen. Leg du dich einfach auf die Kissen und ruh dich aus. Du brauchst mich auch nicht mit Limonade und Keksen zu versorgen. Ich bin zufrieden, wenn ich einfach nur in der Hängematte liege.«

Und so war es.

Ganz viele Brillen

»Ich habe meine Brille verloren«, sagte Maulwurf.

»Welche denn?«, fragte Maus.

»Die, die ich brauche, um meine andere Brille zu finden«, erklärte Maulwurf.

Maus nahm das Kissen in Maulwurfs Sessel hoch und tastete die Ritzen um die Sitzfläche ab. Er fischte eine verbogene Brille heraus. »Diese hier?«, fragte er.

Maulwurf probierte sie auf. Er blinzelte Maus durch die Brille an.

»Nein«, sagte Maulwurf und schob die Brille nach oben auf seinen Kopf. »Nein, das ist nicht die richtige.«

Maus ging in die Hocke und streckte seine Pfote unter den Küchenschrank. Er zog eine weitere Brille darunter hervor. »Diese hier?«, fragte er.

Maulwurf setzte sie auf. Er kniff die Augen zusammen und sah sich um.

»Nein«, sagte Maulwurf und schob die Brille nach oben vor die andere. »Nein, das ist auch nicht die richtige.«

Maus ging ins Schlafzimmer und schüttelte die Bettdecken ordentlich aus. Dabei fiel eine weitere Brille heraus.

»Diese hier?«, fragte er.

Maulwurf setzte sie auf und stolperte in den Flur. Er stieß mit der Schnauze gegen das Treppengeländer, sodass die Brille zu den anderen nach oben geschoben wurde.

»Nein«, sagte Maulwurf. »Die ist es auf keinen Fall.«

Maus suchte in der Sockenschublade. Er sah in der Küche an den Haken nach, an denen ihre Tassen hingen. Dann kramte er im Vorratsschrank und fand dort jede Menge Brillen.

Maulwurf probierte eine nach der anderen auf, bis sein Kopf von lauter glänzenden Brillen gekrönt war.

Maus hatte langsam die Nase voll. »Maulwurf«, sagte er, »warum brauchst du so viele Brillen?«

»Warum?«, fragte Maulwurf und drehte dabei eine Brille in seinen Händen. »Warum?«

»Ja, warum?«

»Na ja, ich brauche eine Brille, um sie zu tragen, und eine als Ersatz.

Ich brauche eine Brille im Dunkeln

und eine im Hellen ...

und eine für grüne ...

Ich brauche eine Brille für rote Sachen

Ich brauche eine Brille für kleine Dinge

und eine für große ...

Ich brauche eine Brille für alles, was nah ist, und eine für alles, was weit weg ist ...

Ich brauche eine Brille für Sachen, an die ich mich erinnern will,

und eine für Sachen, die ich vergessen will …

Ich brauche eine Brille für Dinge, die es wirklich gibt,

und eine für Dinge, die es nur in meiner Fantasie gibt …

Ich brauche eine Brille für alles, was mich traurig macht,

und eine für alles, was mich glücklich macht …

Ich brauche eine Brille, damit ich meinen lieben Freund Maus sehen kann,

und eine, um verlorene Brillen wiederzufinden, und …«

»Und du brauchst deinen lieben Freund Maus, um genau die gesuchte Brille zu finden!«, unterbrach ihn Maus, der gerade im Wäschekorb wühlte. »Diese Brille hier muss es sein, denn jetzt habe ich alles abgesucht.«

Maulwurf probierte sie auf. Glücklich sah er sich im Zimmer um.

»Ja, das ist sie!«, rief er. »Das ist meine Brille, um andere Brillen zu finden!«

Er fing an zu suchen.
Er wühlte in der Sockenschublade herum.

Er sah in der Küche an den Haken
nach, an denen ihre Tassen hingen.

Er kramte im Vorratsschrank.
Aber er fand keine einzige Brille.

»Maus, das ist eine ernste Sache!«, sagte er. »Ich kann meine anderen Brillen nicht finden.«

»Maulwurf«, sagte Maus.

»Was ist denn?«, fragte Maulwurf.

»Welche Brille brauchst du, um dich selbst anzuschauen?«

»Meine beste Brille natürlich, die mit dem edlen Glitzergestell.«

»Diese hier?«, fragte Maus, zog sie aus der Reihe von Brillen auf Maulwurfs Kopf hervor und schob sie vor die anderen. Dann führte er Maulwurf zum Spiegel.

Maulwurf sah die Sammlung von Brillen auf seinem Kopf. »Mannomann, Maus!«, sagte er. »Wenn ich doch nur so viele Augen wie Brillen hätte, dann könnte ich alles auf einmal sehen!«

Die Autorin

Joyce Dunbar, geboren 1944, ist eine bekannte englische Kinderbuchautorin. Sie hat schon über achtzig Bücher veröffentlicht, die in insgesamt zwanzig Sprachen übersetzt wurden. Die Geschichten über *Maus und Maulwurf* sind in ihrem Heimatland besonders beliebt und wurden dort auch als Fernsehserie animiert. Joyce Dunbar lebt mit ihrer Katze Minnie Ha-ha in Norwich.

Der Illustrator

James Mayhew wurde 1964 in England geboren. Er arbeitet als Illustrator und Kinderbuchautor, ist Geschichtenerzähler, Konzertmoderator und Live-Performer. 1994 erhielt er den *New York Times*-Award für eines der zehn besten illustrierten Bücher des Jahres.

Die Übersetzerin

Claudia Müller studierte Anglistik und Germanistik in Göttingen. Danach war sie in verschiedenen Kinder- und Jugendbuchverlagen als Lektorin tätig. Seit 2016 arbeitet sie als Programmplanerin bei einem Verlag sowie als freie Lektorin und Übersetzerin. Sie lebt in Hamburg.